AFFAIRE

DE

JEAN-BAPTISTE MARCHAL,

CURÉ DE LUDRES.

(1757.)

RECUEIL DE DOCUMENTS INÉDITS.

Cet événement, qui, au milieu du siècle dernier, a eu le plus grand retentissement dans la province, est demeuré très-populaire parmi nous. Mais la tradition l'a environné de circonstances tellement exagérées ou mensongères, que nous avons cru devoir, dans l'intérêt de la vérité, chercher à recueillir tous les documents qui s'y rattachent. Voici donc les *pièces connues* du trop célèbre procès du curé de Ludres; après les avoir lues, chacun restera libre de se ranger du côté des juges qui ont condamné l'abbé Marchal, ou bien de ne voir dans cet ecclésiastique qu'une victime d'une accusation puissante et haineuse, trop bien servie par le faux témoignage.

A l'époque de 1757, le parlement lorrain, dans l'affaire du curé de Ludres, pas plus que le parlement de Toulouse dans le procès de Calas (1762), ne peut prétendre à l'infaillibilité de ses décisions. Qui sait? Il n'a peut-être manqué à la réhabilitation juridique de Jean-Baptiste Marchal qu'un Elie de Beaumont, un Loiseau de Mauléon et surtout un Voltaire!

1844

I.er DOCUMENT.

Juridiction ecclésiastique en matière crimi-
nelle, revendiquée au bailliage de Nancy
par le promoteur général du diocèse de Toul,
en l'année 1757.

Vu par la cour la requette à elle présentée par M. Brice Thomas Tardif, promoteur général du diocèse de Toul, expositive qu'au moment qu'il a été informé que M. Jean-Baptiste Marchal, prêtre du même diocèse, cy-devant curé de Ludres, avait été arrêté et constitué dans les prisons criminelles du Palais, le 13 du courant, en vertu d'un décret de prise de corps décerné par le bailliage de Nancy, et qu'à la diligence du procureur du roy il s'instruisoit une procédure extraordinaire contre ledit Marchal, il a donné sa requette au même bailliage, par laquelle il a exposé que suivant le droit canon, la disposition du droit commun dans toutes les matières canoniques, celle des ordonnances de l'État qui maintiennent les ecclésiastiques dans les priviléges de leur ordre, un prêtre accusé doit être remis à son évêque et jugé par le juge d'église ; que les ordonnances du duc Antoine, du 10 avril 1540, et celle du grand-duc Charles, du 7 may 1576, décident formellement le cas ; qu'il y est voulu formellement par la première que si aucuns gens d'église ou de religion commettent blasphêmes énormes et énormes délits, qu'il soit pris par ses officiers et incontinent rendu à leur évêque et prélat. Que dans la seconde on trouve ces termes..... Et pour ce que les personnes ecclésiastiques sous couleur de leurs priviléges et qu'ils ne soient sujets pardevant nos justices, pourroient faire et commettre choses contrariantes à notre volonté, voulons, nous plaît et ordonnons par cette qu'ils puissent être pris et appréhendés au corps par lesdits temporels, sauf à les rendre à leur prélat en cas qu'ils soient requettés, et où ils ne le seroient dans le temps de dix jours après leur appréhension, qu'il soit loisible auxdits juges de dresser en ce cas le procès nécessaire..... Ces ordonnances sont conformes aux saints canons, on peut y recourir à ce sujet. Le chapitre *extra de judiciis*, la coutume générale de Lorraine loin de déroger à ces loix, les a adopté et cimenté dans les articles 2 et 3 du titre premier. L'ordonnance de 1707 n'a pas innové, elle a au contraire ordonné l'exécution des anciennes. Il y a plus, par ledit interprétatif du 18 novembre 1710, le duc Léopold, de concert avec le souverain pontife, déclara anéantis tous usages antérieurs qui s'étaient glissés en Lorraine pendant la possession de la France, pour ordonner l'exécution des anciens édits et ordonnances. Cet édit est consigné dans les greffes de la cour. Il n'est donc rien en Lorraine qui ait pu anéantir les décisions des ducs Antoine et Charles III, renouvelées en 1710. En conséquence de ces principes, le suppliant a revendiqué M. Marchal, dans les dix jours, puisque sa requette est du 20 du courant. Cependant, contre son attente, sentence est intervenue le 22, qui l'a déclaré sans qualité et l'a débouté des fins de sa requette. Dans ces circonstances, il est obligé d'en interjetter appel pour le maintien de la jurisdiction ecclésiastique. Pour obtenir la réformation de cette sentence, il observera qu'il est deux puissances qui ont chacune leurs limites ; elles sont fixées par les saints canons et les loix de l'État. Les tribunaux se gardèrent dans tous les temps de les enfreindre. Icy, ces bornes sont marquées par les ordonnances des ducs Antoine et Charles. Les tribunaux séculiers peuvent appréhender au corps les ecclésiastiques délinquants, mais en même temps ils sont tenus de les remettre à leur prélat, lorsqu'ils sont requettés. Au cas présent la requête a été faite dans le temps prescrit par les ordonnances, rien donc n'en doit arrêter l'exécution et par conséquent la remise de l'accusé. Le bailliage n'a pu se fonder, et la cour sous son très-humble respect ne pourroit le faire sous prétexte que la Lorraine est pays d'usage : 1.º parce que l'usage ne peut avoir lieu que lorsqu'il n'y a pas de loix précises ; qu'au cas particulier la loi réitérée porte ce que l'on vient de citer, et que toute pratique contraire à la loy est plutôt un abus qu'un usage, *non usus sed corruptela, etiam si per mille annos duraverit usus, semper clamat lex, semper vigilat.* 2.º Pour admettre que l'on pourrait déroger à une loy, il faudrait une pratique journalière, une forme constante et qui eût subsisté uniformément pendant un temps plus qu'immémorial ; il en est bien différemment dans les circonstances présentes. La jurisdiction ecclésiastique émanée des saints canons, adoptée par les souverains en 1510 et 1576, a été remise dans toute sa vigueur par l'ordonnance de 1707, et l'édit du duc Léopold de 1710. Depuis ce temps aucun cas contraire ne s'est pas présenté que dans deux ou trois actes où il y a eu pratique contraire. Ces actes solitaires, rares, secrets, n'auroient pu énerver ces loix et n'ont pu y donner atteinte sans une contravention qui donne lieu à la réformation du jugement. Ce n'est pas qu'on avoue que ces cas soient arrivés depuis 1710. Tout au contraire on pose en fait que dans tous les cas, dans tous les temps, ces ordonnances ont été exécutées en Lorraine. Le bailliage, pour soutenir son jugement, se retrancheroit mal à propos sur ce que, suivant les loix, il s'agist d'un cas privilégié; les deux anciennes ordonnances parlent de blasphêmes. C'est un crime de lèze—majesté divine, il n'en fut jamais de plus privilégiés. Il y a plus, on ne pouvoit laisser d'équivoque, et pour faire voir que tous crimes quels ils soient sont compris, la loy ajoute... Et énormes délits. Le mot..et.. dans cette occasion est évidemment disjonctif et non pas copulatif, il est en addition et comprend les autres énormes délits que la pudeur peutêtre ou la politique ne vouloit pas nommer, et aucun énorme délit n'est excepté, donc de quelque énorme délit un ecclésiastique soit accusé, il ne peut être refusé à la jurisdiction ecclésiastique lorsqu'elle le requette. En un mot, les tribunaux séculiers suivant la loy n'ont droit de faire le procès aux ecclésiastiques pour énormes délits que lorsqu'il n'y a pas de revendication. Peut-être que le bailliage a prétendu fonder sa sentence en déclarant le suppliant sans qualité sous prétexte que la commission du promoteur général n'est pas registrée en Lorraine. Cette objection n'est pas proposable. En effet c'est un principe que l'on ne peut dans quelque état ce seroit consulter que les loix ou l'usage. La Lorraine ne peut être d'un autre genre. Or 1.° jamais en Lorraine aucune loy, aucun édit, aucune ordonnance ou arrêt n'a restreint M. l'évêque de Toul à faire registrer dans les bailliages ou à la cour les commissions de ses promoteur et official, du moins aucune n'a été ny publiée ny notifiée et ne se trouve dans le recueil des édits, ordonnances et règlements, imprimé avec soin. On peut donc dire qu'il n'y a point de loix. 2.° A défaut de loix, si on consulte l'usage, il décide contre l'objection du bailliage. On a vu à St.-Diez, dans Nancy même, sous les yeux de la cour, les officiaux et promoteurs agir dans le sein de l'Etat, requérir *pareatis*, l'obtenir sans qu'on ait jamais prétendu un défaut de qualité. Il y a plus, on a vu les procureurs du roy, les procureurs généraux même pour affaire du sein de l'Etat requérir l'official de Toul, il y a donc eu reconnaissance formelle, usage constant. Si le souverain vouloit introduire un usage contraire, cette loy nouvelle ne pourroit opérer que pour la suite si elle était reçue suivant la maxime : *Leges futuris, non præteritis dant formam negotiis...* A ces causes il conclut à ce qu'il plaise à la cour le recevoir, appellant de la sentence rendue par le bailliage de Nancy le 22 du présent mois, mettre l'appellation et ce dont est appel au néant, emendant faisant droit sur sa requette, ordonner que ledit M. Marchal lui sera remis sous bonne et sûre garde pour être transféré dans les prisons de l'officialité de Toul, de suyte informé et son procez lui être fait et parfait s'il échet à sa requette et à son adjonction, sauf après le jugement définitif qui interviendra à le réintégrer comme au cas appartiendra dans les prisons de la conciergerie du palais, toutes choses restant en état jusqu'à ce qu'il sera statué sur ladite requette. Ladite requette signée *Tardif*, promoteur général du diocèse de Toul, et *Gallois*, pro bana procureur. Le soit montré au procureur général. Les conclusions au bas portant ses protestations sur les qualités prises par le suppliant en sa requette, signées *Toustain de Viray*. Vû aussi la sentence du 22 juillet présent mois. Ouï le rapport de M. *de Beaucharmois*, conseiller, tout vu et considéré.... la cour a donné acte au proureur général des protestations par luy faites sur les qualités prises par *Brice Thomas Tardif*, et au principal a déclaré ledit Tardif non recevable en son appel, et l'a condamné aux dépens. Jugé par la cour, chambre des enquêtes, à Nancy, le 28 juillet 1757.

———————

(4)

2.e Document.

Texte complet de l'arrêt rendu le 1.er août 1757.

Vu par la cour la procédure extraordinairement instruite à la requête du substitut du procureur général au bailliage royal de Nancy, à l'encontre de Jean-Baptiste Marchal, prêtre et ci-devant curé de Ludres, accusé et détenu en prison de la Conciergerie du Palais, appelant de la sentence rendue par les officiers du même siége, le 27 juillet dernier, par laquelle ledit Jean-Baptiste Marchal, ci-devant curé de Ludres, est déclaré suffisamment atteint et convaincu d'avoir séduit et corrompu par des attouchements illicites et infâmes, quantité de jeunes garçons, ses paroissiens, de même que des hommes, notamment les trois frères, et des écoliers qu'il avait sous sa conduite, en qualité de maître de langue latine; d'avoir, et immédiatement devant et après ces crimes, célébré le saint sacrifice de la messe, et d'avoir commis et consommé par violence l'abominable crime de sodomie, en diverses manières et sur plusieurs personnes; pour réparation de quoi ledit Jean-Baptiste Marchal est condamné à être conduit, dans un tombereau, au-devant de 'église Primatiale par l'exécuteur de la haute justice, où, étant tête nue et rasé, nu en chemise, à genoux, la corde au cou, et tenant en ses mains une torche de cire ardente du poids de deux livres, il fera amende honorable et déclarera que méchamment il a commis les différents crimes dont il est convaincu, qu'il s'en repent et en demande pardon à Dieu, au roi et à la justice. Ce fait, ledit Jean-Baptiste Marchal être conduit sur la place de Grève de cette ville, et de suite attaché à un poteau qui sera planté à cet effet sur un bûcher, pour après y avoir été étranglé, son corps y être brûlé, consumé et réduit en cendres, de même que la procédure et les cendres jetées au vent, déclare tous les biens de Jean-Baptiste Marchal acquis et confisqués au profit de qui il appartiendra, sur iceux préalablement pris les frais de la procédure, et au cas où confiscation n'aurait lieu au profit de Sa Majesté, ledit Jean-Baptiste Marchal est condamné en cent francs d'amende envers le domaine du roi.

Requête fournie par ledit Marchal aux fins qu'il plaise à la cour, dire qu'il a été mal nullement informé au bailliage de Nancy et jugé, casser le tout et l'annuler, et au cas qu'il lui plairait prononcer autrement, et ne pas déclarer les officiers du bailliage incompétens, recevoir l'appel simple du suppliant du décret d'information, de tout ce qui a suivi de la sentence de condamnation prononcée le 27 juillet dernier, contre le suppliant, ordonner que la procédure sera recommencée par tel commissaire il lui plaira nommer à l'adjonction de l'official et des promoteurs ecclésiastiques, à l'effet de quoi, lui permettre, autant que de besoin, *de faire intimer M. l'évêque de Toul pour voir dire*, qu'il sera tenu d'établir un official et un promoteur à la suite de la cour, pour informer du délit commun, conjointement avec le commissaire de la cour, qui informera du délit privilégié, si mieux n'aime la cour, nommer elle-même des commissaires ecclésiastiques, le tout aux fins de tous dépens, dommages intérêts et autres droits et sans préjudice, ordonner qu'il sera, par provision, délivré au suppliant des expéditions des pièces non secrètes de la procédure dont il s'agit, le soit montré au procureur général, ses conclusions au bas : décret de la cour, du 28 dudit mois, par lequel il est permis au suppliant de prendre communication, même des expéditions des pièces non secrètes de la procédure dont il s'agit. Sur le surplus des fins de la requête, ordonner qu'elle sera mise au sac, pour, en jugeant, y statuer et avoir tel égard que de raison; autre requête fournie par le même, aux fins qu'il plaise à la cour recevoir la production qu'il fait de deux pièces de rétractation, lui donner acte de l'emploi de la présente requête et de ce qu'il insiste aux conclusions qu'il a prises par sa requête précédente, et à ce qu'emendant, il soit déchargé des condamnations contre lui prononcées, aux dommages intérêts et dépens, ordonne que la requête sera jointe au sac pour, en jugeant, y avoir tel égard que de raison. Le soit montré au procureur général, ses conclusions au bas, décret du 30 du même mois, par lequel la cour a reçu la production des deux pièces dont il s'agit, ordonne qu'elles seront mises au sac avec la présente requête, pour, en jugeant, y avoir tel égard que de raison. Autre requête présentée aussi par le même, le soit montré au procureur général, ses conclusions au bas, décret de la cour du I.er août, présent mois, par lequel il est ordonné que la requête sera mise au sac pour, en jugeant, y avoir tel égard que de raison. Conclusions définitives dudit procureur général contenant ses réquisitions, et après que ledit Jean-Baptiste Marchal a été interrogé sur la sellette en sa cause d'appel et autres cas à lui imposés, ouï le rapport du sieur Maud'huy de Beauchamois, conseiller ; tout considéré :

La cour, sans s'arrêter à la demande de J.-B. Marchal, en nullité de la procédure instruite contre lui, non plus qu'à ses prétendus faits justificatifs et à son appel, dit qu'il a été bien jugé, mal et sans griefs appelé et l'amendera ; ordonne néanmoins que l'amende honorable sera faite au-devant de la principale porte de l'église paroissiale du village de Ludres, auquel lieu l'exécution de ladite sentence sera pareillement faite, à l'effet de quoi ledit J.-B. Marchal y sera conduit sous bonne et sûre garde.

Faisant droit sur les réquisitions du procureur général, ordonne aux officiers des bailliages de son ressort d'instruire et juger tous les cas criminels privilégiés des ecclésiastiques, sans appeler le juge ecclésiastique, ni lui faire renvoyer des accusés, tant et si longtemps que les évêque et Ordinaire de son ressort n'auront pas établi dans ledit ressort des officialités fixes et permanentes avec les officiers y résidants qui doivent les composer, et en cas que lesdits évêque et Ordinaire viendraient à satisfaire au présent arrêt et à celui précédemment rendu, enjoint auxdits officiers des bailliages, dans les cas de revendication des accusés par l'Ordinaire, ou de renvoi pardevant les juges ecclésiastiques demandés par lesdits accusés, d'y déférer pour être lesdits juges ecclésiastiques instruit les procès et juger sur le délit commun à charge et non autrement que la revendication sera faite, ou le déclinatoire proposé avant le jugement définitif ezdits bailliages ; et qu'ils ne pourront élargir de leurs prisons, lesquelles seront nécessairement dans le ressort de la cour, lesdits accusés de crimes privilégiés, pour être remis par eux après le jugement sur le délit commun et renvoyés sous bonne et sûre

garde dans les prisons criminelles desdits bailliages, à peine d'en répondre en leurs propres et privés noms, être procédé contr'eux comme au cas appartiendra ; ordonne en outre que le présent arrêt, par extrait seulement de la présente disposition, sera lu et publié à l'audience publique tenante, et affiché dans tous les carrefours de cette ville, envoyé dans tous les bailliages du ressort de la cour, pour y être pareillement lu, publié, affiché. Enjoint au substitut du procureur général d'en certifier la cour dans le mois.

Fait et jugé en la cour, chambre des enquêtes, le 1.er août 1757, par MM. Dumontet, *président ;* de Chateaufort, Collenel, Lefebvre, Depont, de Chard, Charvet *et* de Beauchamois, *conseillers.*

3.e Document.

Lettre de M. François, vicaire de la paroisse St.-Epvre de Nancy, à M. Claude Drouas de Boussey, évêque, comte de Toul, prince du St.-Empire, au sujet de la mort de M. Marchal, curé de Ludres, près Nancy, du 4 août 1757.

Monsèigneur,

Pour votre consolation et la nôtre, nous avons cru devoir écrire à votre Grandeur les circonstances édifiantes de la mort du sieur Marchal : c'est en arrosant ce papier de nos larmes, que notre cœur aussi navré de douleur que pénétré des sentiments religieux et héroïques de ce pauvre mourant, va vous les retracer avec sincérité et sans exagération.

La cour s'assembla à huit heures du matin, lundi dernier, 1.er août 1757 : il y eut des débats sur l'admissibilité des faits justificatifs jusqu'à onze heures et demie ; ensuite on le fit appeler. M. le curé de St.-Epvre le conduisit, accompagné de deux cavaliers, jusqu'à la porte de l'assemblée, où, assis sur la sellette, M. le président du Montet lui fit quatre ou cinq interrogats ; l'accusé y répondit, parla cinq quarts d'heure sans épuiser les moyens de justifications que lui présentait son innocence ; il toucha les juges par sa douceur, sa modération, sa résignation ; je ne dirai pas sa sincérité, car ces messieurs n'ont eu égard à aucun article de sa justification.

Depuis une heure et demie qu'il était sorti de l'assemblée, on alla aux opinions jusqu'à trois heures; elles ne roulèrent ni sur son innocence ni sur son salut, mais sur le lieu et la manière de son supplice. L'arrêt fut enfin porté et déterminé; quant au lieu, il ne différa en rien de celui du Bailliage : j'étais alors avec ce pauvre agonisant, tous deux au pieds de notre bon Maître, nous étions en esprit au jardin des Olives, et nous répétions ces adorables paroles : *Non sicut ego volo, sed sicut tu,* quand M. le procureur du roi me demanda et me dit de lui annoncer la foudroyante confirmation.

Je le fis, Monseigneur, en m'anéantissant de nouveau avec lui aux pieds de la croix; je lui répétai, par forme de réflexion, l'arrêt et la destinée de tous les hommes : les uns sont appelés aujourd'hui, les autres demain. Allons, mon cher frère, lui dis-je, ce n'est pas à brûler dans les enfers pendant une éternité que l'on vous condamne, mais à une mort qui vous conduira au parfait bonheur : la bonne ou mauvaise mort, voilà l'alternative qui vous reste, et, pour vous préparer à mourir, vous avez au plus quatre heures devant les mains; profitez donc de ces précieux moments.

La conséquence fut bientôt reçue, et, maître des sentiments de la nature qui, en pareilles circonstances, ne se font que trop sentir, il ne nous fit entendre que les sentiments de la résignation la plus parfaite : *non sicut ego volo, sed sicut tu.*

Mon bon pasteur, qui venait l'informer de son sort, lui confirma ce que je venais de lui annoncer; mais il n'en fut pas plus troublé, et n'en fut que plus fort et plus résigné; il acheva sa confession, et déjà nous nous disposions à l'accompagner sur son calvaire, quand nous apprîmes qu'il ne serait exécuté que le mardi, parce qu'on voulait lui donner un cortége plus nombreux et une garde qui fût en état de résister et de défendre un enlèvement que le clergé, disait-on, avait médité : il n'en était rien, Monseigneur, mais il fallait de toute façon nous humilier. On manda donc à l'instant la maréchaussée de Pont-à-Mousson et de Lunéville; vous voyez qu'elles ne pouvaient arriver que le mardi; conséquemment nous eûmes une nuit de plus pour préparer le pénitent à son éternité. Oh ! la nuit édifiante, Monseigneur, et j'espère qu'elle sera pour moi salutaire : un de mes désirs, dans ces ténébreux instants, était d'avoir avec moi tous les bons et tous les mauvais prêtres; les uns et les autres, à ce que je crois, en auraient profité : pour moi, Monseigneur, je vous assure que je compterai au nombre des grâces que le seigneur m'a faites, la nuit que j'ai passée avec ce pauvre pénitent. Je désirais depuis longtemps de profiter de vos retraites et d'avoir le loisir d'y aller pleurer mes prévarications et d'y apprendre mes devoirs; mais la Providence a voulu me dédommager et préparer, pour ainsi dire, mon cœur à la grâce que produisent ces salutaires exercices.

Après notre souper, qui fut des plus sobres, nous récitâmes les saints offices sur l'une et l'autre action. Que j'aurais de choses intéressantes à vous dire, Monseigneur; je me borne à exposer à votre Grandeur ce qui prouve sa mortification et son humilité. Dois-je encore manger ? me disait-il, ce malheureux corps que j'ai tant aimé, flatté, délicaté, est-il encore digne de mes soins ? Il fallut l'approbation de mon cher curé pour le déterminer à prendre encore un peu de nourriture; et encore ne la prit-il que parce que nous lui fîmes une nécessité de faire son sacrifice avec cette fermeté et ce courage extérieur qui touche autant le cœur des hommes que la générosité de l'âme la plus soumise aux ordres de la Providence touche celui de Dieu. Le croirait-on ? une prise de tabac fut presque la matière d'un de ses scrupules. Mais voici un acte d'humilité qui me frappa encore bien davantage : nous venions de réciter Prime, tout-à-coup il me fit cette observation : Avez-vous vu mon orgueil ? j'ai osé dire *Dominus vobiscum* et les oraisons, et vous, Monsieur, les *amen.* Ah ! malheureux ver de terre, jusqu'à quand t'élèveras-tu ! tu es prêt à être réduit en cendres, et tu prends encore la préséance !

A ces réflexions, je fus humilié moi-même, et ne pus retenir mes larmes. Cependant j'entrai dans sa supplique et présidai à l'oraison; souvent un mot, une expression, une pensée relative aux dispositions dans lesquelles se trouvait son âme agonisante, nous arrêtait pour épancher notre cœur sur les paroles qui se rapprochaient le plus des circonstances de sa mort.

Minuit s'approchait lorsque nous finissions notre bréviaire et les paraphrases les plus pathétiques, je l'engageai alors à prendre quelque repos et à se jeter sur un lit. Mais quelle fut sa réponse sur ce faible soulagement que je lui proposais? Eh quoi! me disait-il, Dieu ne pourrait-il pas me faire le même reproche qu'il faisait si à propos à ses apôtres : *sic non potuistis una hora vigilare mecum.* D'ailleurs, il faut que cette insomnie répare quelque chose des excès auxquels je me suis livré dans le sommeil et le repos que j'ai accordés autrefois à ce malheureux cadavre. C'est ainsi qu'il profitait de toutes les circonstances pour toucher le cœur de Dieu et pour expier ses péchés. Souvent nous nous rappelâmes la nuit que Jésus-Christ passa si douloureusement dans le prétoire. Innocente victime, s'écriait-il, vous étiez au milieu des scélérats qui vous accablaient de coups et vous couvraient de crachats, et moi, malheureux pécheur, je nage dans les consolations; que ne puis-je les changer en ces torrents d'amertume et d'opprobre, dont votre âme sainte et innocente fut enivrée! Cependant les inquiétudes venaient de temps en temps troubler ou interrompre nos sérieuses méditations : je puis vous assurer, Monseigneur, qu'elles ne venaient pas d'un reste d'amour-propre, il craignait trop l'amour de lui-même et il en gémissait. Ce qui me justifiait ses alarmes, c'était la force avec laquelle il envisageait son supplice; il m'engageait de temps en temps dans ce terrible détail et sur les effets de l'étranglement, qui le révoltait davantage; il ne craignait que pour son cœur, c'était alors des désaveux par avance de tous les sentiments contraires à ceux dans lesquels il se trouverait alors : sentiments de regrets, d'amour, de charité, je veux, disait-il, que vous soyez les miens jusqu'au dernier soupir, que le dernier mouvement de ce malheureux cœur renferme tout à la fois les précieux sentiments de ces adorables vertus. C'est ici, Monseigneur, que j'entendis une expression de la plus sincère pénitence. Mon Dieu, s'écria-t-il avec véhémence, que ne puis-je arracher ce malheureux cœur! je le foulerais aux pieds, je le briserais et l'humi-

lierais à vos yeux ! Il était deux heures du matin lorsqu'il me proposa de réciter encore l'office du jour; et nous nous mîmes à Vêpres. Je ne puis vous dire quelle fut sa satifaction lorsqu'il eut rempli ce devoir; vous jugerez sans doute que nous n'eûmes garde d'échapper les réflexions et les sentiments que nous fournit cet office, et par le moyen du plus onctueux commentaire, qui était son cœur, nous nous trouvâmes presque sans y penser à quatre heures du matin.

Alors finit cette heureuse solitude : notre bon curé, son confesseur, arriva, et comme il fut question de confession et de conscience, je me retirai quelque temps et respirai un air plus pur. M. l'abbé de Ravinel vint aussi à notre secours, mais ce respectable ecclésiastique n'eut pas besoin, plus que nous, de se livrer aux pieux entretiens que sa charité et son zèle lui avaient inspirés. Ce que ce pauvre patient se disait à lui-même valait infiniment mieux que tont ce que nous aurions pu lui dire. La paraphrase qu'il fit sur l'enfant prodigue, et qu'il s'appliqua si bien, est un chef-d'œuvre qui ne le cède en rien ni aux sentiments ni aux expressions du *Dies iræ*; nous écoutions et pleurions tous trois, et je crois, Monseigneur, que jamais, ni les uns ni autres, nous ne regretterons de pareilles larmes.

Enfin les satellites mandés arrivèrent; à sept heures, on vint nous annoncer qu'il fallait partir : nous trouvâmes à la porte une charrette couverte, conduite par un bourreau, charrette qui servait ordinairement à conduire les charognes, circonstance d'humiliation qu'il dévora de tout son cœur. Nous montâmes donc ensemble, car mon cher curé ne put pour le moment l'assister. C'est ici que le pauvre agonisant reconnut qu'il était encore mieux que son bon Maître. Vous fûtes, disait-il à Jésus-Christ, traîné autrefois dans les rues de Jérusalem, poursuivi d'une populace furieuse qui vous maudissait et demandait votre mort, tandis que moi, insigne scélérat, je suis conduit pour ainsi dire en triomphe, et n'ai de ce peuple qui me voit et me plaint, que des bénédictions et des vœux. Nous traversâmes une bonne partie de la ville; on nous fit grâce de passer par la porte St.-George; tous nos instants furent mis à profit; ce que nous avions si bien exprimé la nuit, nous le répétâmes en partie jusqu'à la Malgrange, où M. le curé eut la bonté de me reprendre ; ils récitèrent les psaumes de la pénitence et la recommandation de l'âme ; après deux heures de la plus grande pluie, ils arrivèrent à Ludres sous un méchant drap , tandis que j'étais dans une bonne voiture avec notre zélé chanoine (M. Ravinel). Il n'était encore que dix heures lorsque nous descendîmes tous chez un particulier : nous lui fîmes prendre quelque chose, et après une bonne heure, commença l'affligeant spectacle : la sentence de l'une et l'autre juridiction lue, il fut livré aux bourreaux. Nous ne permîmes jamais qu'ils le déshabillassent et qu'ils eussent rien de ses habits : nous avions pris la précaution de lui faire laisser sa soutane, il n'avait alors qu'une capote et une veste noire que nous reprîmes avec son chapeau et son porte-collet. On lui mit une chemise de soufre, une torche à la main , et ensuite le bourreau le tondit. Nous allâmes, dans cet équipage, jusqu'à la porte de l'église , qu'on eut la cruauté de tenir et de laisser fermée ; après avoir demandé pardon à Dieu, à la justice et au roi , nous fîmes amende honorable , il l'articula fort bien, et je suis sûr et persuadé que son cœur l'exprima encore mieux.

La cérémonie finie, il parla à son peuple , encore tout plein de force, et lui fit la plus vive et la plus touchante exhortation ; je ne puis vous répéter tout ce qu'il dit en ce moment ; il sut, en peu de paroles, s'humilier et instruire les autres ; tout le monde le plaignait, fondait en larmes et poussait des hurlements épouvantables , surtout quand , après s'être avoué pécheur et avoir ainsi publié la justice de sa mort, il déclara qu'il mourait innocent de certains crimes énormes dont on l'accusait. Mais il se rappela le beau mot de saint Étienne, et je crois bien sincèrement qu'il était encore mieux gravé dans son cœur : *Ne statuas illis hoc peccatum.*

Nous allâmes pour le coup à son calvaire, où après s'être encore réconcilié, il pardonna à ses juges et à ses témoins, et à l'exemple du roi prophète, il remit son âme entre les mains du Seigneur : *In manus tuas commendo spiritum meum.*

Nous répétâmes souvent ce consolant article de son testament, avant et après les actes de l'amour le plus fervent, et lorsque je lui répétais ces tendres et généreux sentiments, le crucifix sous les yeux, je m'aperçus qu'à demi étranglé, ses lèvres remuaient encore et répétaient sans doute ces dernières paroles : *Diligam te , Domine.* Fasse le Seigneur que ce soit le dernier sentiment de son cœur ! Il le lui a trop souvent répété pour nous laisser dans le moindre doute sur la récompense que lui ont méritée et sa constance dans ses derniers instants , et le désir qu'il a toujours manifesté de souffrir encore davantage pour expier ses péchés.

Quand il fut expiré, nous nous retirâmes : cependant nous prîmes encore le temps de le considérer, et je puis vous assurer qu'il n'avait rien de hideux et d'horrible, et il ne fit pas plus de grimaces qu'auparavant, et nous nous rappelâmes tous trois voir en lui la ressemblance d'un saint Bruno.

J'ai oublié ses expressions, qui me paraissent marquer un fond de la charité la plus parfaite ; lorsqu'il pardonna à ses ennemis ; je crus entendre un saint Cyprien ; si j'avais des trésors, disait-il, je les donnerais à mes bourreaux et à tous ceux qui sont cause de ma mort, mais puisque je n'ai que les sentiments de mon cœur, je ne leur promets que des prières et des vœux, et ne puis leur offrir que la volonté sincère dans laquelle je suis de demander au Seigneur, lorsque je le verrai face à face, les grâces que je lui demande actuellement pour moi-même.

Lorsque nous pensions à lui inspirer des sentiments de résignation relatifs à son supplice, voici ce qu'il nous répondit : ce genre de mort m'effraie si peu, et je le crois si disproportionné à mes désordres, que je suis prêt à tout autre tourment ; voulût-on me disséquer artère par artère, fibre par fibre, hacher mes membres les uns après les autres , je croirais que tout cela est encore bien au-dessous de mes crimes.

J'ajouterai à tout cela certaines circonstances qui ont frappé bien des personnes : lorsque son arrêt fut porté, on entendit au même instant un grand coup de tonnerre qui fit trembler les fenêtres du palais et de la prison ; aussitôt il s'éleva un vent impétueux, le temps se mit à la pluie et dura jusqu'au soir ; le lendemain matin, tout annonçait la plus belle journée et le plus beau temps. Lorsque nous fûmes sortis de Nancy, la pluie recommença et dura jusqu'à notre arrivée à Ludres, et lorsque nous allâmes au lieu de l'exécution, elle reprit et redoubla jusqu'au moment de son décès. Sur ces observations et sa constance à se dire innocent de certains crimes abominables, nos gens de Nancy et des environs ne cessent de proclamer son innocence et les sentiments contraires qu'il a toujours éprouvés : pour nous, Monseigneur, je vous le répète, nous les croyons sincères, et les gens de bien en parlent encore plus haut que nous. Pour votre consolation et la nôtre, je n'exagère rien en vous disant qu'il a presque autant d'apologistes qu'il y a de citoyens ici. Vous allez juger des sentiments du peuple en sa faveur par une espèce d'émeute qui est arrivée hier matin. Un coquin de Ludres, qui était au marché, s'expliqua indignement sur le compte du défunt : il osa dire qu'il aurait donné volontiers deux cordes de bois pour le brûler ; il n'en fallut pas davantage pour soulever nos revendeuses, qui, s'attroupant aussitôt, le poursuivirent et l'obligèrent à se cacher chez les Jésuites qui le chassèrent, et chez les Capucins, d'où il se sauva encore et sortit par les toits : il fallut la maréchaussée pour contenir le peuple, qui ne fut tranquille que lorsque cet indigne fut conduit au cachot.

Je suis sans doute trop long, Monseigneur, mais j'ai cru devoir l'être, parce que tout ce que j'ai l'honneur de vous dire est véritable, et que je me suis persuadé que tout ce détail pourrait contribuer à votre satisfaction. Je n'ai rien dit à votre Grandeur que ce qu'il nous a priés de lui mander : ce sont surtout des pardons et des prières.

Mon curé prend un peu l'air ; car je crains qu'il ne tombe malade. Il vous présente ses hommages.

J'ai l'honneur d'être,
avec le plus profond respect,
Monseigneur,
De votre Grandeur, le plus humble et le plus obéissant serviteur,

FRANÇOIS,
Vicaire de St.-Epvre.

Nancy, le 4 août 1757.

3.ᵉ Document.

Lettre écrite, le 8 juillet 1790, à M. l'abbé Camus, chanoine et vicaire-général de Nancy, par M. Villemin, curé de Vallois, près Lunéville, et auteur d'un Essai manuscrit sur la vie de M. Claude Drouas de Boussey, évêque et comte de Toul, dont il avait été le secrétaire, au sujet de l'omission que ledit auteur a faite, dans ledit Essai, de la malheureuse affaire de M. Marchal, curé de Ludres.

Monsieur,

Je suis plus étonné de l'éloge que vous faites de mon petit ouvrage que de votre remarque sur l'omission de l'affaire du curé de Ludres ; cette remarque est juste, et j'aurais dû justifier cette omission dans une note.

Cette malheureuse affaire trouvait naturellement sa place après celle *de la confession des malades* (Il s'agit ici de la fameuse question des billets de confession, exigés des malades soupçonnés de *jansénisme*, mesure contre laquelle les parlements s'élevèrent d'une manière si véhémente), car elle en est une suite ; j'ai balancé longtemps si je la traiterais, mais les horreurs qu'elle renferme, et le peu de part que M. Drouas y a eu, m'ont décidé à la passer sous silence. Vous verrez, Monsieur, par le court exposé que je vais vous en faire, si j'ai eu raison.

Le curé de Ludres, sans être un scélérat, ni un monstre, était un mauvais prêtre, plus mauvais pasteur encore. M. Drouas, bien instruit de sa mauvaise conduite (La tradition du pays rapporte que ce curé était *un chasseur décidé*, peut-être aussi aimait-il un peu trop les plaisirs de la table, suite assez ordinaire de la passion de la chasse), et fortement sollicité par l. ...., vint à bout, en le menaçant, de lui faire faire la démission de sa cure, sous la réserve simplement verbale, que son successeur lui ferait une pension. Cette affaire avait mis le prélat en relation de lettres avec .. .. et comme ils connaissaient tous deux le sujet, il ne déguisait pas ses sentiments sur le compte de ce prêtre. Il croyait seconder le zèle d'une femme pieuse, il ignorait qu'une haine furieuse la faisait agir.

Quelque temps après, ce malheureux, mauvaise tête et mal conseillé, se pourvoit au parlement pour rentrer dans son bénéfice , sous prétexte de la violence qui l'en a expulsé. A l'instant la trame la plus horrible est ourdie. L. .... produit une lettre de M. l'évêque de Toul, mais cette lettre disait peu de chose, elle n'était pas une base suffisante pour appuyer un procès criminel, on y ajoute donc une calomnie qui fait frémir. (J'ignore quel en est l'inventeur.) On suppose qu'un grand nombre de curés vivent dans une dissolution abominable, qu'il est nécessaire de faire un exemple pour en imposer aux coupables , et, ce qui ajoute au frémissement, c'est que, dans un instant, cette horrible imputation passa pour un fait constant dans l'esprit des magistrats, du chancelier de Lorraine et même du roi de Pologne. Il est triste qu'on puisse observer ici que la cour souveraine n'avait pas pardonné aux curés d'avoir pris hautement le parti de leur évêque dans l'affaire de la confession des malades , et que M. de Viray, procureur-général, autrefois si respectable et si zélé pour la religion, alors réconcilié avec son corps, montrait plus de passion que personne dans cette affaire. Les esprits ainsi prévenus, on affecta une précipitation inconnue jusqu'alors dans les causes criminelles. Dans peu de jours, le procureur du roi gagné, donna sa plainte. On entendit des témoins, on les confronta avec l'accusé qui fut condamné au feu et exécuté. Cependant le malheureux prêtre avait montré dans sa prison les sentiments d'un héros chrétien; il acceptait d'avance la mort qu'on lui préparait, comme une juste punition de ses péchés; mais il soutenait qu'il était innocent des crimes dont on l'accusait, et il a persisté dans cette déclaration jusque sur le bûcher, de manière à convaincre tous les spectateurs de son innocence. M. François , alors vicaire de St.-Epvre, qui n'avait pas quitté un instant l'accusé pendant les trois derniers jours de sa vie , fut si touché de ses grands sentiments de religion, qu'il crut devoir en écrire la relation (c'est celle que l'on a vue plus haut). Mais dès que le parlement en fut informé, la passion qui l'animait se montra de plus en plus. M. François, menacé d'un décret, fut obligé de s'évader. On entendit des membres de ce redoutable tribunal dire hautement que le supplice du curé de Ludres n'était qu'un commen-

cement, qu'on savait qu'il y avait bien d'autres prêtres coupables des mêmes crimes, et que bientôt on en ferait justice.

Le diocèse était perdu si la Providence divine ne fût intervenue dans cette affaire d'une manière presque miraculeuse. A l'instant du supplice de cet infortuné curé, un cri général s'élève dans toute la Lorraine et particulièrement à Nancy. Le peuple est tout-à-coup persuadé de l'innocence de ce malheureux , il en fait un martyr. J'ai vu mille petites croix plantées à l'endroit même du bûcher, et des femmes de la campagne à genoux et en prières auprès de ces croix. Elles existent et se renouvellent encore ce 8 juillet 1790. Le village de Ludres est regardé avec horreur. Si quelques-uns de ses habitants paraissent à Nancy, à l'instant ils sont assaillis par la populace, et la police ne peut leur sauver la vie qu'en les faisant conduire en prison. Il se fait le plus grand concours de peuple au lieu du supplice; on vient de toutes parts, et de fort loin, invoquer le saint curé. Au commencement, le parlement menace. Il envoie la maréchaussée pour empêcher les attroupements , mais bientôt il s'aperçoit que s'il ne dissimule pas, ses membres ne seront pas en sûreté, et il se tait. Il y a plus , M..... .. .. tombe dans une langueur qui, en la dévorant, la conduit insensiblement au tombeau. Le procureur du roi se fracasse le bras et demeure estropié. Le procureur-général meurt dans six mois. On donna , l'année suivante, la confirmation dans le canton de Ludres (c'est un fait certain), et cette paroisse est oubliée sans que personne s'en aperçoive ; ses malheureux habitants n'osent s'en plaindre, et les curés du voisinage ne le voient pas , ou craignent d'en faire la remarque.

M. Drouas, qui m'a raconté lui-même le détail de cette affaire, n'a jamais pensé qu'elle pût le compromettre. Placez-la , Monsieur, entre *la confession des malades* et le prétendu procès de M. Drouas, père, c'est là où elle doit être , et vous verrez quel fond vous pourrez faire sur *les reproches graves et embarrassants* que l'on fait à la mémoire de M. l'évêque de Toul. On ne peut lui faire un crime d'avoir fait faire une démission au curé de Ludres ; sa lettre est peu de chose, et eût-elle influé sur la condamnation du curé, il ne pouvait pas la prévoir ; il n'a pas pu solliciter en sa faveur, il eût perdu son diocèse s'il eût demandé grâce au roi pour l'accusé ; il a gémi de cette abomination, il ne pouvait faire autre chose !!......

5.ᵉ Document.

Réflexions par M. Oudinot, ancien magistrat, au sujet de la condamnation du sieur Marchal, curé de Ludres, par le bailliage de Nancy, confirmée par la cour souveraine de la même ville, en août 1757.

Quoique septante années se soient écoulées depuis l'arrêt rendu par la cour souveraine de Nancy contre le nommé Marchal, curé de Ludres, condamné, le 1.ᵉʳ août 1757, à être brûlé vif, à la porte de l'église de ce village, pour crime de b........., aucun écrivain ne s'est encore occupé à soulever le voile qui couvre les détails d'une procédure qui doit sans doute présenter bien des faits obscènes et très-propres à révolter le lecteur; considéré sous ce point de vue, ce silence est louable, parce que la prudence exige qu'on écarte avec soin tout ce qui pourrait alarmer la pudeur et contribuer à ouvrir l'esprit sur un genre de turpitude inconnu à quantité de personnes. Mais au fond, l'homme dont il s'agit était-il réellement un mauvais sujet, un prêtre scandaleux, un libertin livré par habitude et avec cynisme aux abominations qu'on lui a imputées, ou au contraire était-il un innocent, victime de l'inimitié de ses paroissiens, de préventions trop enracinées et enfin d'une erreur grave et bien malheureuse, dont la magistrature la mieux intentionnée et la plus probe n'a pas toujours été exempte? voilà une question difficile à résoudre, lorsqu'on ne peut avoir en communication les pièces de la procédure.

L'une et l'autre de ces opinions opposées a eu de nombreux et de zélés partisans : d'un côté, les ecclésiastiques, qui avaient intérêt à persuader à la multitude que les mœurs les plus pures sont constamment l'apanage des ministres des autels, ont employé des millions de bouches à proclamer non-seulement l'innocence, mais même la sainteté du condamné, et ils se sont prévalus avec tant de succès des dénégations de Marchal et des protestations géminées de sa non culpabilité, que les prières et les plantations de petites croix sur le lieu de son supplice n'ont point encore cessé de se faire. De l'autre côté se présente la sentence à mort prononcée par Messieurs du bailliage de Nancy, sur les conclusions du procureur du roi, et l'arrêt confirmatif de cette sentence rendu par la chambre de la Tournelle de la cour souveraine de Nancy, composée de dix conseillers éclairés, d'un président en grande réputation de sagesse, de piété et d'intégrité, qui, résistant tous aux sollicitations empressées de tout le clergé séculier et régulier, ont rendu à l'unanimité, dit-on, et sur les conclusions du procureur-général, M. de Toustain de Viray, homme savant et jurisconsulte profond, un arrêt de mort que ne mitige pas le bienfaisant Stanislas, si renommé par sa clémence, si compatissant pour les infortunés !... M. Drouas, alors évêque de Toul et de Nancy, jouissait d'un grand crédit près de Sa Majesté polonaise, les accès lui étaient ouverts, il était d'ailleurs orateur et académicien, et l'on ne voit pas qu'il eût fait de démarches pour obtenir une commutation de peine ou pour soustraire le prévenu à une mort infamante! Cependant le prélat n'ignorait point ce qui se passait, le coupable était un de ses délégués, et il avait chargé le digne et charitable abbé François, vicaire de St.-Epvre et exhortateur de Marchal, de lui transmettre par écrit toutes les particularités relatives à la mort de cet individu. Que penser de l'immobilité de monseigneur l'évêque? Ne semble-t-elle pas dire que la conviction avait paralysé toutes ses facultés, et qu'à ses yeux le crime n'était pas de nature à être graciable?

De bonne foi, et après avoir mûrement réfléchi, je me range à l'opinion de la culpabilité ; il est pénible sans doute de rencontrer dans le nombre des ministres de notre religion sainte, un homme aussi immoral, un prêtre aussi scandaleux, mais lorsqu'il s'agit de prendre une détermination, les voix se pèsent et ne se comptent pas ; les juges de deux tribunaux ont vu les charges et les dépositions des témoins : plus elles étaient graves et plus aussi elles ont commandé leur attention ; le scrupule le plus sévère fait, dans ces conjonctures, entendre avec force sa voix dans la conscience effrayée du magistrat, il se rappelle, avec anxiété, qu'un jour viendra où il sera jugé par

Dieu comme il aura jugé les hommes, et cette terreur salutaire est préférable, à mon avis, aux criailleries d'une multitude ignorante, ou d'ecclésiastiques qui n'étaient mus que par la crainte de la diminution de leur crédit et de leur considération dans l'esprit public.

Toutefois, si je ne puis me défendre de voir un grand coupable dans la personne du curé Marchal, je suis très-éloigné d'applaudir à la peine qui lui a été infligée ; je crois que les châtiments doivent être proportionnés aux crimes ou aux délits, que quand ils les dépassent, le but que se proposait la loi est manqué, parce qu'alors la pitié vient prendre la place de la justice, et qu'on plaint celui qui eût dû être détesté. Au cas présent, j'estime qu'être brûlé vif excède infiniment la punition qu'avait méritée le coupable ; son crime était sans doute occulte, car on a grand soin de se cacher lorsqu'on en commet de semblables ; le scandale n'est provenu que de l'éclat d'une procédure criminelle instruite avec emphase et qui ne devait se formaliser qu'à huis-clos ; trop de publicité a fait le mal, trop de rigueur a tout gâté.... Il eût été prudent, ce me semble, de couvrir d'un voile très-épais l'incontinence d'un mauvais prêtre, de donner à croire que si le nombre en est grand, c'est qu'un individu n'a pas cessé d'être homme en prenant la soutane ou le froc : il eût suffi de livrer aux autorités ecclésiastiques le prévenu d'une conduite aussi licencieuse, de l'entendre dans ses défenses, de lui retirer ses pouvoirs s'il eût été jugé coupable, de le frapper du mépris général, de le déclarer à jamais déchu de l'exercice de fonctions sacerdotales, de le punir même de quelques mois de prison, mais être brûlé vif ! O mon Dieu ! j'aime à penser que ce n'est point vous qui avez inspiré à vos représentants sur terre un jugement aussi rigoureux !

15 mars 1828.

(M. Oudinot était né à Nancy en 1749 ; il est l'auteur du prospectus de l'*Histoire de Nancy*, de l'abbé Lionnnois, et a composé une *Histoire des ducs de Lorraine*, restée manuscrite.)

———

6.ᵉ ET DERNIER DOCUMENT.

Observations d'un ecclésiastique, faites quelque temps après la publication des RÉFLEXIONS de M. Oudinot.

M. Oudinot n'aurait sans doute pas commis les erreurs qu'on lit dans ses *Réflexions*, s'il eût connu l'arrêt de la cour souveraine de Nancy, lequel, sans donner des détails sur le fond de la procédure, fait du moins connaître le genre de crime imputé au curé de Ludres. Et au défaut du texte de l'arrêt, le respectable magistrat, en consultant seulement la *Jurisprudence* de M. de Rogéville, ouvrage qui a été certainement entre ses mains, eût pu savoir pour quel crime le bailliage et la cour de Nancy avaient condamné Marchal. Il est vraiment surprenant que ce point historique ait échappé à un homme instruit et fort au courant des annales de la Lorraine. Mais venons à l'examen des raisons qui font ranger M. Oudinot à l'opinion de la culpabilité du malheureux curé.

Sans doute les ecclésiastiques ont intérêt à ne pas publier, le cas échéant, les scandales de leurs confrères ; mais ils n'ont jamais craint d'abandonner au blâme de l'opinion publique ceux des prêtres qui se sont rendus indignes de leur saint ministère, quand surtout ces prêtres scandaleux s'étaient montrés tels évidemment. Au cas présent, les ecclésiastiques du diocèse de Toul ont eu à opter entre les dépositions de témoins suspects à leurs yeux et les dénégations persévérantes d'un confrère dont ils connaissaient mieux que les laïcs les antécédents ; il s'agissait pour eux, dans cette cause, d'une appréciation morale fondée sur un ensemble de circonstances qui toutes proclamaient, malgré le voile de certains mystères, l'innocence de l'accusé. Dès lors, Marchal, supportant avec courage et résignation, à l'exemple du Sauveur, une mort horrible et infamante, pouvait bien, dans l'opinion de ces ecclésiastiques, être un martyr, un saint ; et les fidèles, sans y être contraints, devaient s'associer par des actes de religion, les plantations de croix par exemple, à la reconnaissance d'une sainteté si manifeste et si touchante !

Les magistrats juges de l'infortuné curé ne le connaissaient en aucune manière : les premières idées qu'ils se formèrent sur cet homme, ils les durent aux seuls témoignages de ses accusateurs ; la science et la probité de ces juges, que je regarde comme incontestables, n'ont pu annuler des dépositions soutenues audacieusement et sans doute invariablement. Marchal en contestait la véracité, mais il était seul contre tous ses ennemis. Quelques-uns de ces témoins avaient eu des relations journalières avec le prévenu ; pour quelques autres, il était facile d'en établir qui fussent incontestables : on sait que des visites fréquentes s'échangent entre un curé et ses paroissiens ; les trois frères accusateurs du curé pouvaient mieux encore que tous autres soutenir devant la justice une déposition environnée de tout l'éclat de la vraisemblance. Il suffisait maintenant de dénaturer le but ostensible de ces relations, qu'il était impossible de nier, et de les incriminer avec adresse. Croit-on de bonne foi qu'il eût été si difficile de pousser à la calomnie des jeunes gens de la campagne timides et ignorants, des hommes cupides, entraînés au parjure par la crainte, ou mus à servir le ressentiment et la haine par l'attrait des récompenses ?

Dans cette occurence, une aussi étrange immoralité dans de nombreux témoins est possible absolument, ont dû se dire les juges ; mais entre deux possibilités, d'une part, celle qu'un prêtre se rende coupable d'horribles infamies, et d'autre part la possibilité que des témoins, en grand nombre, inventent par haine ces infamies, se laissent effrayer par la menace ou séduire par l'espérance et soutiennent ainsi un mensonge odieux contre un prêtre pour lequel ils avaient eu autrefois du respect, contre leur pasteur enfin, celui qui avait droit à la gratitude de plusieurs d'entr'eux, il n'y avait pas à balancer ; celle des deux possibilités qui, en cas de doute, de contrariété, paraît la moins vraisemblable, est sans contredit celle qui suppose un individu coupable, fût-il revêtu du caractère sacré du sacerdoce ; car en fait de perversité humaine, il est juste, il est raisonnable d'attribuer plutôt à un seul individu une conduite atroce que d'en faire le triste apanage de plusieurs personnes réunies pour remplir le devoir redoutable de témoins en justice.

Ce raisonnement, qu'ont pu faire les juges lorsqu'il s'est agi de condamner le curé Mar-chal, peut bien les absoudre devant leur conscience, les justifier même aux yeux de ceux qui croient à l'innocence du curé de Ludres ; mais conclure à la culpabilité de cet accusé, parce que les juges ont dédaigné ses dénégations et leur ont préféré les déclarations des témoins, ce serait, selon moi, manquer à la logique la plus vulgaire. Combien de fois, au reste, n'a-t-on pas vu des témoins se parjurer, des innocents monter sur l'échafaud, condamnés par des *juges, profonds jurisconsultes et hommes pieux,* dont la décision était appuyée sur de nombreux et concordants témoignages !

Mais la clémence de Stanislas-le-Bienfaisant se trouver en défaut lorsqu'il s'est agi d'un prêtre ; mais la peine infamante à laquelle la loi le condamne et qui n'a pas même été mitigée, quoi de plus démonstratif contre le curé ? Eh bien, je le demande avec confiance, Stanislas, avec toutes ses dispositions à s'attendrir au malheur, a-t-il eu le temps de laisser s'ouvrir son cœur à la compassion envers l'infortuné Marchal, puisque l'arrêt de condamnation confirmé par la chambre de la Tournelle devait recevoir son exécution le jour même de son prononcé définitif, avant que ce prince pût en être suffisamment informé, tant la justice avait hâte d'en finir avec cette procédure énigmatique !... S'il fut accordé un sursis de quelques heures à l'exécution du condamné, le vicaire de St.-Epvre, M. François, en explique le motif dans sa *Lettre* (relatée ci-dessus, 5.ᵉ document) : ce fut bien moins pour solliciter une grâce du roi, que pour se mettre en garde contre un enlèvement chimérique imputé au clergé.

Et qu'on ne dise pas que depuis le 27 juillet, époque où fut rendu l'arrêt de condamnation par le bailliage, jusqu'au 1.ᵉʳ août que cet arrêt, sauf quelques modifications, fut confirmé par la cour souveraine, Sa Majesté polonaise avait pu se préparer à accorder un pardon, ou du moins à mitiger la peine horrible que devait subir Marchal ; ne sait-on pas que l'accusé pouvait rappeler de la première sentence, et qu'en effet il a fait requête à la cour ; ainsi on ne pouvait expédier du château de Lunéville des lettres de grâce qu'après une sentence nouvelle, confirmative de la première : jusque-là, il fallait que le procès eût son cours ; mais je viens de dire qu'on ne laissa pas à la clémence le temps d'adoucir les rigueurs de la justice.

M. l'évêque de Toul ne put rien faire en faveur de son délégué. A quoi eût servi *le crédit* de M. Drouas près du monarque duc de Lorraine, sa qualité *d'académicien et d'orateur ?* Il était impossible d'arrêter la procédure, et j'ai dit que Stanislas même, faute d'avertissement, n'avait pas eu le temps nécessaire d'en modifier l'exorbitante sévérité. L'autorité épiscopale avait déjà fait d'inutiles tentatives pour être saisie de cette affaire. Informés qu'un procès criminel allait s'instruire devant le bailliage de Nancy contre le curé de Ludres, les juges ecclésiastiques font valoir leurs droits, consacrés par les ordonnances et maintenus par une pratique constante (voir 1.er *document*). Le crime imputé à Marchal est un de ceux que la jurisprudence qualifiait de *privilégié*. L'incompétence des juges laïcs était manifeste, d'après la législation lorraine. Le bailliage passa outre et rendit un arrêt qui déboutait l'Officialité de Toul de ses justes prétentions : l'empiétement de la juridiction civile sur la juridiction diocésaine, faisait assez comprendre à l'évêque qu'il n'aurait désormais aucune influence salutaire sur l'esprit des magistrats qui méconnaissaient ainsi son autorité en matière judiciaire ; il dut donc s'abstenir. Et c'est ce qui explique pourquoi, durant et après le procès de son délégué, le prélat *resta immobile et comme paralysé dans toutes ses facultés*, comme s'exprime M. Oudinot. Ce n'est pas du tout parce qu'*aux yeux* de monseigneur l'évêque, *le crime de Marchal n'était pas de nature à être graciable*. Voilà les sollicitations qui eurent lieu de la part du clergé et auxquelles la cour résista ; il n'y en eut jamais d'autres.

M. l'abbé Villemin, secrétaire de M. Drouas, dans sa lettre à M. Camus, vicaire-général de Nancy (voyez 4.e *document*), laisse penser que les crimes imputés au curé de Ludres ne furent pas d'abord la matière de la plainte adressée à l'évêque. Si pourtant ces crimes étaient réels, on devait naturellement et tout d'abord en instruire ce dernier. Cependant, M. Drouas a répondu à la plaignante dans le sens des griefs articulés par elle ; mais interrogé dans la suite sur la valeur de sa réponse, le chef du clergé déclare formellement que sa correspondance *disait peu de chose, qu'elle n'était pas une base suffisante pour appuyer un procès criminel*. On a donc eu recours à la calomnie pour se débarrasser d'un homme dont la présence était odieuse et contre la conduite duquel il n'y avait rien à opposer de grave selon la loi. C'est, à mon avis, ce que l'on a fait!... Aussi, après avoir mûrement pesé les raisons qui ont une apparence contraire à la cause du curé, et celles qui lui sont favorables, je me range à l'opinion de sa *non culpabilité*. Je maintiens que Jean-Baptiste Marchal, curé de Ludres, condamné à la peine du feu, après strangulation, par le bailliage et la cour souveraine de Nancy, les 27 juillet et 1.er août 1757, a été victime de la trame la plus horrible qui se soit jamais ourdie contre un innocent.

Magistrats, avant de prononcer une sentence de mort, *vous vous êtes rappelés avec anxiété qu'un jour viendrait où vous seriez jugés par Dieu, comme vous auriez jugé les hommes !* Respect à votre décision et paix à vos mânes ! Et toi, infortuné Marchal, en face du tribunal formidable où tu allais bientôt paraître, tu t'es déclaré *innocent des crimes énormes dont tu étais accusé*, je crois à ton témoignage, l'honneur, qui défend à l'homme de s'avilir par une lâcheté, m'y engage, et la religion, qui ne permet pas de mentir, m'en fait un devoir ! ! !

J.–B. Marchal était né à Dombrot, canton de Bulgnéville (Vosges).

Voilà tous les documents relatifs à la malheureuse affaire du curé de Ludres. Nous les avons recueillis dans l'intérêt seul de la vérité et pour faire disparaître les traditions fausses qui se rattachent à cet événement. Croirait-on, en effet, que l'auteur de la *Statistique* de 1838, a été si étrangement instruit de ce fait, qu'il a dit : « Le village de Ludres est célèbre par la mort tragique de son curé, qui fut brûlé *comme sorcier* DANS LE XVI° SIÈCLE ! »

M. Etienne (*Résumé de l'histoire de Lorraine* — 1825), le premier de nos historiens qui ait parlé du procès de Marchal (voir aussi l'ouvrage intitulé : *Jurisprudence des tribunaux*, par M. Guillaume de Rogéville, in-4.°, p. 583), s'est trompé, mais moins grossièrement, lorsqu'il a dit que le curé de Ludres avait été brûlé à la porte de l'église de ce village. M. Etienne, admettant les idées émises par M. Oudinot, ajoute, après avoir fait le récit de cet événement : « Un supplice si extraordinaire devait agiter vivement la population, accoutumée au plus profond respect envers ses pasteurs. Le clergé prit fait et cause pour le condamné, et excita les habitants des campagnes à proclamer son innocence. La superstition propagea les bruits les plus absurdes, et mille petites croix furent plantées à l'endroit même [du bûcher et se renouvelèrent jusqu'à nos jours. »

Nous devons ajouter que ces plantations de croix ont encore lieu aujourd'hui. Quelques gens, qui aiment tout ce qui tient au merveilleux, prétendent que l'endroit où fut brûlé le curé Marchal est resté stérile depuis cette époque; cet état de stérilité tient à une cause bien naturelle et nullement miraculeuse : *ce terrain n'est pas cultivé*.

On a prétendu aussi que le curé de Ludres avait ajourné ses juges devant Dieu, et qu'ils étaient tous morts à l'époque qu'il avait fixée. Ce fait est peu d'accord avec les sentiments de résignation et de charité que ce malheureux montra jusqu'au moment de son supplice, et dont parle le vicaire de St.-Epvre, dans la lettre que nous avons donnée précédemment.

Nancy, imprimerie de Lepage, Grande-Rue (Ville-Vieille), 14.